ISM Working Paper No. 20

Katharina A. Schuck, Jens K. Perret, Audrey Mehn, Kai Rommel

Konsumentenpräferenzen beim Kauf von Secondhand-Luxusgütern

Schuck, Katharina A.; Perret, Jens K.; Mehn, Audrey; Rommel, Kai: Konsumentenpräferenzen beim Kauf von Secondhand-Luxusgütern

© 2022 ISM
Alle Rechte vorbehalten

Herstellung und Verlag: BoD – Books on Demand, Norderstedt
ISBN 978-3-75780-148-9

ISM - International School of Management gGmbH
Otto-Hahn-Str. 19 · 44227 Dortmund
www.ism.de
Tel.: 0231.975139-0 · Fax: 0231.975139-39
ism.dortmund@ism.de

Schuck, Katharina A.; Perret, Jens K.; Mehn, Audrey; Rommel, Kai: Konsumentenpräferenzen beim Kauf von Secondhand-Luxusgütern, Dortmund und Norderstedt, BoD, 2022 (Working Paper ; 20)
ISBN 978-3-75780-148-9

Inhaltsverzeichnis

Schuck, Katharina A.; Perret, Jens K.; Mehn, Audrey; Rommel, Kai:
Konsumentenpräferenzen beim Kauf von Secondhand-Luxusgütern

Abbildungsverzeichnis

Tabellenverzeichnis

Abstract

Obwohl Konsumenten[1] ihrem Wunsch nach Luxusmode heute vermehrt mit Second-hand-Gütern gerecht werden, sei es aus einem Bedürfnis nach Nachhaltigkeit heraus oder aus anderen Gründen, sind bislang wenige Luxusmodemarken mit eigenen Secondhand-Plattformen in diesem Markt aktiv.

Der vorliegende Artikel beschäftigt sich mit der Vorbereitung von zwei Discrete-Choice-Experimenten, die zwischen Luxusmarken der unteren und der oberen Preisklasse unterscheiden. Im Rahmen dieser Vorbereitung sollen Faktoren ermittelt werden, die die Zahlungsbereitschaft der Konsumenten beeinflussen wie beispielsweise Plattformmerkmale oder die Art der Eigentümerschaft. Auf diese Weise können wertvolle Implikationen für Luxusmarken hergeleitet werden, die auch Aufschlüsse über den finanziellen Spielraum liefern, in dem die Marken operieren können, wenn sie sich zur Realisierung einer eigenen Secondhand-Plattform entscheiden.

1 Einleitung

Zwar sind die Umsatzprognosen für den Luxusmodemarkt bislang noch optimistisch, doch gehen Experten davon aus, dass sich der Konsum von Luxusgütern in den Jahren nach der COVID-19-Pandemie entscheidend verändern wird. Innerhalb dieses Veränderungsprozesses ist im Luxussegment besonders ein Marktsegment herauszustellen, das auch schon vor der Pandemie erheblich an Zuwachs gewann: Secondhand (D'Arpizio et al. 2019). Während der Markt für Secondhand-Luxusgüter theoretisch die gesamte Bandbreite von Luxusgütern abdeckt, konzentriert er sich in der Praxis primär auf persönliche Luxusgüter. Bis zum Ausbruch der COVID-19-Pandemie war er mit einem jährlichen Wachstum von 9% der am stärksten wachsende Bereich der Luxusbranche. 2021 konnte er das Vorkrisenniveau bereits übertreffen. Der Secondhand-Luxusmarkt macht mit einem Umsatz von 33 Milliarden Euro nur einen Bruchteil der 283 Milliarden Euro weltweiten Umsatz mit persönlichen Luxusgütern aus. Dennoch verzeichnet gerade dieser Bereich selbst in der Krise ein kontinuierliches Wachstum von 7,7% (2019 auf 2020) und 17,8% (2020 auf 2021).

Berücksichtigt man, dass den Konsumenten, auch aufgrund der Pandemie, Aspekte wie Nachhaltigkeit, Wertigkeit und Stabilität wichtiger wurden und sie dementsprechend ihren Konsum angepasst haben, so ist es nicht verwunderlich, dass der Markt für gebrauchte Luxusprodukte mehr denn je boomt und Experten ihm auch für die Zukunft weiteres Wachstum voraussagen (Bain & Company 2021; Guzzetti et al. 2021).

---

[1] Aus Gründen der besseren Lesbarkeit wird auf die gleichzeitige Verwendung der Sprachformen männlich, weiblich und divers (m/w/d) verzichtet. Sämtliche Personenbezeichnungen gelten gleichermaßen für alle Geschlechter.

Die im Folgenden verwendete Definition einer Luxusmarke als Anbieter von Luxusgütern entspricht derjenigen, die auch von Quan/Shen (2017) und Kapferer (2001) verwendet wird und die die Aspekte Preis, Exklusivität, Qualität und Prestige in den Vordergrund rückt. Secondhand-Luxusgüter in Abgrenzung zu Vintage-Gütern / Antiquitäten sind in Analogie zu Kapferer (2018) und Turunen/Leipämaa-Lesiken (2015) als Güter zu verstehen, die einen Vorbesitzer aufweisen und sich bei diesem in aktiver Verwendung befanden. Der Aspekt Heritage, der z. B. die Geschichte und das Alter der Produkte umfasst, steht hierbei im Hintergrund bzw. bildet nicht das Kerngeschäft der entsprechenden Plattformen ab.

Der Untersuchungsansatz des vorliegenden Artikels konzentriert sich daher primär auf persönliche Luxusgüter und hierbei insbesondere auf Luxusmode und zugehörige Accessoires, wobei diese beiden Kategorien den Bereich der persönlichen Luxusgüter bereits zu mehr als der Hälfte erfassen (Bain & Company 2021).

Zu den wichtigsten Anbietern mit einem primären Fokus auf Secondhand-Luxusartikel gehören aktuell Plattformen wie Vestiaire Collective (Umsatz: 250,4 Mio. Euro), Rebelle (Umsatz: 5,3 Mio. Euro) oder The RealReal (Umsatz: 400 Mio. Euro). Diese drei Online-Plattformen machen sich die Tatsache zunutze, dass die meisten Luxusmarken die Chancen, die dieses Geschäftsmodell bietet, kaum wahrnehmen (Gorra 2017). Daher stellen bisher die genannten Drittanbieter den Konsumenten diese Produkte bereit. Aufgrund des wachsenden Konsumenteninteresses und zunehmenden Erfolgs dieser Anbieter, zeigen sich in diesem Feld nun auch Luxusmarken aktiver, wobei sie in der Vergangenheit vor allem auf Kooperationen mit etablierten Playern zurückgriffen, vereinzelt aber auch eigene Plattformen aufbauten (Cheng 2022). Da der Handel mit Secondhand-Luxusgütern allerdings nicht allein über dezidierte Plattformen wie die oben genannten abläuft, zählen Plattformen wie Ebay-Kleinanzeigen ebenso zu den führenden Anbietern. Es liegen allerdings keine detaillierten Ergebnisse vor, die den Umsatz speziell dieser Umsatzkategorie quantifizieren.

Literatur im Feld Secondhand-Luxus ist insofern limitiert, als dass Forschende sich vor allem auf die Konsumentenperspektive konzentrieren und Kauf- und Konsummotive untersuchen (Fox 2018; Kessous/Valette-Florence 2019; Turunen/Leipämaa-Lesiken 2015). Die meisten dieser Studien beruhen auf qualitativen Ansätzen. Zwar liefern diese Studien relevante Erkenntnisse zum Konsum von Secondhand-Luxusgütern, doch wird hierbei der tatsächliche Kaufprozess außer Acht gelassen, sodass bislang keine Informationen zum bevorzugten Vertriebskanal für Secondhand-Luxusprodukte vorliegen. Zudem blieb die Zahlungsbereitschaft für ein gebrauchtes Luxusprodukt in Abhängigkeit vom Vertriebskanal bislang unberücksichtigt, was unter der Prämisse, dass die Preisgestaltung bisheriger Anbieter maßgeblich von Privatpersonen abhängt, ebenfalls eine relevante Forschungslücke bedeutet. In Bezug auf Secondhand-Luxusgüter wurde lediglich herausgefunden, dass Konsumenten bereit sind, für ein limitiertes oder nicht mehr erhältliches Produkt mehr als den Originalpreis zu zahlen, da sie hierbei einen persönlichen Mehrwert sehen (Cervellon/Vigreux 2018), doch wurde dies weder mit einem tatsächlichen monetären Wert untermauert, noch mit einer geeigneten Methodik tiefergehend untersucht. Darauf aufbauend lässt sich folgende Forschungsfrage ableiten:

> Wie hoch ist die Zahlungsbereitschaft der Konsumentinnen und Konsumenten für Produkte eines Drittanbieters im Unterschied zu einem markeneigenen Angebot?

In Anbetracht der Tatsache, dass es sich bei Secondhand-Luxusmode um ein vergleichsweise neues Forschungsgebiet handelt, ist der Mangel an Studien, die Choice-Experimente zur Untersuchung des thematisierten Sachverhalts einsetzen, nicht überraschend. Choice-Experimente sind besonders dafür geeignet, Präferenzen für einzelne Attribute eines Produkts oder einer Dienstleistung zu ermitteln. Hierzu gehören beispielsweise Aspekte wie Qualität, Verkaufsort oder Kosten. Unter Verwendung von Auswahlmöglichkeiten wird es möglich, die individuelle marginale Zahlungsbereitschaft von Befragten zu berechnen (Hess/Daly 2014). Da das so zu erzielende Ergebnis sowohl der Beantwortung der Forschungsfragen dient als auch die beschriebene Forschungslücke zu füllen vermag, ist das Choice-Experiment die passende Methodik zur Untersuchung des Sachverhalts. So können praktisch relevante Rückschlüsse gezogen und die bisherige Literatur angereichert werden.

Im ersten Teil dieses Artikels werden Hintergrundinformationen zum Secondhand-Luxusmarkt sowie eine detaillierte Literaturübersicht geliefert. Darauffolgend sind ein Zwischenfazit sowie eine umfassendere Erläuterung der Forschungsfragen zu finden. Der zweite Teil dieses Artikels ist der Methodik gewidmet. Nach der Vorstellung der qualitativen Vorstudie zu den Einflussfaktoren konzentrieren wir uns auf die Entwicklung eines bayesianischen d-effizienten Choice-Designs. Abschließend werden potenzielle Implikationen dieser Studie erläutert.

2 Secondhand und Luxus

2.1 Hintergrund

Dass Konsumenten mittlerweile ein starkes Interesse am Kauf von Luxusgütern entwickelt haben, hängt damit zusammen, dass einige Bedürfnisse, die früher lediglich von neuen Luxusgütern befriedigt werden konnten, nun auch durch Secondhand-Güter realisierbar sind. Dies hängt damit zusammen, dass das Produkt – ob neu oder gebraucht (vorausgesetzt, das gebrauchte Produkt ist in gutem Zustand und weist keine größeren Mängel auf) – prinzipiell die gleichen Qualitätsmerkmale und Eigenschaften aufweist. Demnach kann der Wunsch der Konsumenten nach einem zeitlosen und hochwertigen

Produkt, das mit der Exklusivität der jeweiligen Luxusmarke einhergeht, von beiden Produkttypen in gleicher Weise erfüllt werden (Kapferer 2018; Turunen et al. 2018). Darüber hinaus können gebrauchte Luxusgüter ebenso das Prestige- und Statusmotiv befriedigen, das häufig mit neuen Luxusprodukten einhergeht (Cervellon/Vigreux 2018). Zudem wird in Zusammenhang mit Luxusgütern meist auch ein besonderer Fokus auf den Aspekt der emotionalen Bindung gelegt: Bei Luxusprodukten werden Begeisterung und Verlangen speziell über Emotionen hervorgerufen. Daher steht der symbolische Nutzen weit über dem funktionalen und nur der Aufbau einer emotionalen Bindung an die Marke und ein hohes Involvement können zu einer langfristigen Kundenbindung und Identifikation mit der Luxusmarke führen (Rudawska et al. 2018). Betrachtet man den Aspekt des emotionalen Involvements genauer wird deutlich, dass die Klassifizierung als „Vintage" ebenfalls von Bedeutung ist (Amatulli et al. 2018): Luxusprodukte werden oft auch als Symbole einer bestimmten Zeit gesehen, was nicht zuletzt durch die Markenhistorie und die Verbindung zur Gründerperson begünstigt wird (Fox 2018). Speziell der Kauf dieser symbolträchtigen Luxusprodukte ermöglicht es den Konsumenten, nicht mehr erhältliche Stücke zu erwerben sowie sich auch modisch zu positionieren. Zudem werden sowohl neue als auch gebrauchte Luxusprodukte heute zunehmend mit dem Gedanken an den Wiederverkaufswert erworben. Dies ist besonders bei denjenigen Produkten relevant, die entweder besonders limitiert oder aufgrund ihrer Materialverwendung und ihres Designs wertbeständig sind (Battle et al. 2018). Besonders die Aspekte des zeitlosen Designs und einer hohen Materialqualität machen die Produkte auch nachhaltiger als herkömmliche Modeartikel (Kessous/Valette-Florence 2019).

Doch darüber hinaus gibt es auch Konsumenten, die Secondhand-Luxusgüter bewusst neuen vorziehen. Dass gebrauchte Luxusprodukte aus finanziellen Gründen präferiert werden, ist naheliegend, denn sie sind in den meisten Fällen erschwinglicher und werden häufig auch als besonders lukratives Geschäft wahrgenommen, was dem Einkaufserlebnis natürlich zusätzlichen Anreiz gibt (Rudawska et al. 2018). Da Luxus demokratisierter geworden ist, dienen gebrauchte Luxusgüter nun vor allem auch zu Differenzierungszwecken, denn sie sind häufig Einzelstücke und sind für ihre Besitzer Fashionstatement und Alleinstellungsmerkmal zugleich (Turunen/Pöyry 2019).

Neben Motiven, die für den Kauf von Secondhand-Luxusgütern sprechen, gibt es aber auch eine Reihe von Aspekten, die aus Sicht des Konsumenten dagegensprechen. In erster Linie ist dies das Betrugsrisiko, denn der Großteil der Verkäufe von gebrauchten Luxusgütern wird über Privatpersonen abgewickelt, die international verteilt sein können (Abtan et al. 2019; Khan et al. 2021). Darüber hinaus befürchten viele Konsumenten auch, ein gefälschtes Produkt zu erwerben. Zwar soll dieses Risiko mittels des plattformeigenen Authentifizierungsservice minimiert werden, doch zeigen verschiedene

Studien (Husic/Cicic 2009; Khan et al. 2021; Turunen/Laaksonen 2011), dass Produkt-fälschungen besonders im Luxusmodesegment sowohl für Konsumenten als auch für Marken ein großes Problem darstellen (siehe beispielsweise auch den Fall von Chanel und The RealReal) (The Fashion Law 2021). Neben dem Aspekt des privaten Angebots bieten die meisten Drittplattformen keine Rückgabemöglichkeit an, was sich ebenfalls negativ auf die Konsumentenwahrnehmung und ergo auch ihre Kaufmotivation aus-wirkt. Darüber hinaus kann eine positive Kaufentscheidung für einen Secondhand-Lu-xusartikel auch dann nicht zustande kommen, wenn die Konsumenten von den zur Verfügung stehenden Angeboten keine Kenntnis haben. Gerade im Luxussegment sind es oft noch die traditionellen Kaufkanäle und -wege (beispielsweise markeneigene Stores), die den Konsumenten in den Sinn kommen. In diesen Fällen lehnen die Kon-sumenten den Kauf aus zweiter Hand nicht per se ab, doch sind sie einfach noch nicht mit den verfügbaren Optionen in Berührung gekommen und erwägen sie daher auch nicht. Dies geht mit der Tatsache einher, dass im Luxusbereich häufig noch spezielle Erwartungen mit einem Kauf verknüpft sind, die in den Augen vieler von einem Drittan-bieter wie einem Department Store nur unzureichend erfüllt werden können (Bianchi et al. 2020; Liu et al. 2013). Dies kann sich auch negativ auf die Kaufmotivation von Secondhand-Gütern über einen Drittanbieter auswirken.

Zusätzlich zu der Frage, was Konsumenten generell dazu bewegt, Secondhand-Luxus-güter zu kaufen oder zu meiden, spielt in dieser Diskussion natürlich auch der Aspekt des Kaufkanals eine wichtige Rolle. Ursprünglich wurden gebrauchte (Luxus)-Modear-tikel vor allem in physischen Geschäften mit einem lokalen Angebot gekauft, die auf-grund ihrer Regionalität nur für eine begrenzte Anzahl von Personen zugänglich waren, was nicht zuletzt nach sich zog, dass das Image von gebrauchten Produkten zu wün-schen übrig ließ (Ryding et al. 2018). Seit der Einführung sogenannter Peer-to-Peer-Modelle wie eBay hat sich dies jedoch grundlegend geändert und dazu geführt, dass sich auch im Luxussektor immer mehr Drittanbieter etabliert haben, die in hohem Maße auf die Einbindung privater Nutzer angewiesen sind (Hu et al. 2019). Doch be-züglich der eigenen Integration in den Secondhand-Handel waren Luxusmarken bislang reserviert und haben in der Vergangenheit zum Teil versucht, aktiv dagegen vorzuge-hen (Kapferer 2018). Mit der zunehmenden Zahl von Konsumenten, die für ihr Second-hand-Shopping Drittanbieter wie Vestiaire Collective, Rebelle oder The RealReal wähl-ten, wuchs das internationale Netzwerk dieser Anbieter und machte sie zu Unterneh-men mit einem Umsatz in Millionenhöhe und gewichtigen Akteuren im Luxusmarkt an sich (Gorra 2017). Die oben genannten Plattformen für Secondhand-Luxusgüter bieten einen eigenen Authentifizierungsservice inklusive eines Zertifikats an, der die Echtheit der Produkte gewährleisten und somit den Käufern Sicherheit geben soll. Finanziert wird dies über eine vom Käufer entrichtete Gebühr. Neben der Verkaufsgebühr, die in diesen Modellen vom Verkäufer selbst getragen wird, ist die Echtheitsprüfung daher eine der Haupteinnahmequellen der Peer-to-Peer-Anbieter. Aufgrund des Erfolgs dieser Anbieter zeigte sich nach einiger Zeit eine kleine Anzahl von Luxusmarken interessiert und startete Kooperationen, die laut Aussage der Unternehmen von Konsumentenseite positiv aufgenommen wurden (van Elven 2018). Die prominentesten Beispiele hierfür sind Luxusmarken wie Stella McCartney, Burberry und Mulberry (Cheng 2022; Muret 2021). Zusätzlich sind einige markeneigene Secondhand-Plattformen ins Leben gerufen worden. Hierzu gehören beispielsweise die Marken Isabel Marant und Oscar de la Renta (Muret 2021).

2.2   Literaturüberblick

Mit dem Anstieg im Konsum von Secondhand-Luxusgütern und der Zunahme des öffentlichen Interesses an diesem Thema nahm auch die wissenschaftliche Auseinandersetzung damit zu (Kessous/Valette-Florence 2019; Turunen/Leipämaa-Lesiken 2015), wobei die meisten Studien auf qualitativen Ansätzen beruhen. Quantitative Studien, die die Konsumentenperspektive hierzu untersuchten, konzentrieren sich vor allem auf die Erfassung von Ansichten und Konsummotiven oder die Messung des Zufriedenheitsgrads mit diesen Produkten, wobei zum Großteil Likert-Skalen oder einfache Fragebögen verwendet werden (Ferraro et al. 2016; Guzzetti et al. 2021). Was die Präferenz beim Kauf gebrauchter Luxusprodukte angeht, zeigen Studien von Unternehmensberatungen wie Bain & Company, dass sich Konsumenten eine stärkere Integration von Luxusmarken wünschen (Bianchi et al. 2020). In Anbetracht dessen, dass der beliebteste Kaufort für Luxusgüter noch immer das stationäre Geschäft der Marke ist, überrascht dies nicht (Bain & Company 2021).

Obwohl Choice-Experimente eine etablierte Methodik zur Untersuchung von Konsumentenpräferenzen bei Konsumgütern darstellen, wurden sie für den Bereich Luxusmode in der Vergangenheit nur sehr begrenzt genutzt (Larceneux et al. 2007; Lihra et al. 2012). Lo et al. (2021) gehören zu den wenigen Autoren, die einen Beitrag für das Luxusmodesegment liefern. Sie untersuchten inwieweit Merkmale wie Preis, Markenname, Logo, Ansichten von Freunden sowie persönliche Parameter wie Alter oder Einkommen die Entscheidung für den Kauf einer Luxustasche verschiedener Marken beeinflussen. Sie stellten fest, dass Konsumenten in hohem Maße von ihrem Umfeld beeinflusst werden. Darüber hinaus zeigte die Studie, dass Konsumenten bei Auswahl zwischen deutlich sichtbarem und „dezentem" Luxusmarkenlogo stets das auffälligere Logo wählen. Weiterhin untersuchten Audrin et al. (2018) in einem Choice-Experiment die Konsumentenpräferenz hinsichtlich Luxus und Nicht-Luxusmarken im Vergleich. In diesem Fall wurde die Entscheidung für oder gegen eine Marke anhand von visueller Aufmerksamkeit gemessen, wobei eine hohe Aufmerksamkeit für eine wahrscheinliche Produktwahl stand. Darüber hinaus untersuchte die Studie, ob Materialismus eine moderierende Wirkung auf die Auswahl hat. Hierbei haben die Forscher gezeigt, dass Konsumenten mit einem stärker ausgeprägten Sinn für Materialismus die Luxusmarken wählen. Anhand einer zweiten Studie zeigte sich zudem, dass sich ein großer Anteil der Konsumenten (unabhängig von ihrem Sinn für Materialismus) für die Luxusmarke entscheidet, wenn zusätzlich zu den Produktbildern umfassende Informationen über Material und Herkunft kommuniziert werden. Dies lässt den Schluss zu, dass Informationstransparenz eine wichtige Rolle im Zusammenhang mit Luxusprodukten spielt (Audrin et al. 2018).

Betrachtet man die Verwendung von Choice-Experimenten über den Horizont des Luxusmodekonsums hinaus, fällt auf, dass diese Methodik neben der Präferenzuntersuchung insbesondere zur Messung von Zahlungsbereitschaft verwendet wird. So untersuchten zum Beispiel Boto-García et al. (2020) die Bedeutung verschiedener Attribute sowie die Zahlungsbereitschaft im Zusammenhang mit der Wahl eines Urlaubsziels. Sie fanden heraus, dass Menschen bereit sind, 120 € mehr zu zahlen, wenn sie in einem 4-Sterne-Hotel anstatt in einem einfachen Apartment übernachten können. Zudem wären sie bereit, 170 € mehr für eine Reise mit dem Flugzeug als mit dem Auto zu zahlen.

2.3   Zwischenergebnisse und Forschungsfragen

Frühere Untersuchungen haben gezeigt, dass Luxusgüter aus zweiter Hand eine echte Alternative zu neuen Luxusprodukten darstellen, da sie die gleichen Bedürfnisse befriedigen können wie neue Luxusprodukte. Zum einen für Konsumenten, die sich neue Luxusprodukte nicht leisten können oder wollen, zum anderen aber auch für jene, die sich bewusst gegen den Konsum neuer Luxusartikel entscheiden, sei es unter Gesichtspunkten der Nachhaltigkeit oder aus reiner persönlicher Vorliebe und individuellem Stilverständnis. Dennoch zeigen die letzten Abschnitte auch, dass einiges gegen den Kauf gebrauchter Luxusgüter sprechen kann, wobei vor allem kaufkanalspezifische Argumente oder die Angst vor Betrug und mangelhafter Qualität dominieren. Besonders auch die Fragen rund um den Kaufkanal zeigen, wie wichtig die Berücksichtigung des Kontexts und der Rahmenbedingungen ist, wenn es darum geht, Konsumentenentscheidungen zu erforschen und zu interpretieren. Dies ist insbesondere dann der Fall, wenn es sich um eine so sensible Produktkategorie wie Luxusmode handelt, bei der kleinste Nuancen für oder gegen eine Produktwahl sprechen.

In Abschnitt 2.1 wurde gezeigt, dass Luxuskonsumenten vor allem das Markengeschäft bevorzugen. In Bezug auf die Kaufentscheidung der Konsumenten bedeutet dies, dass sie sich mit größerer Wahrscheinlichkeit für ein Luxusprodukt entscheiden, wenn sie sich in einem Markengeschäft befinden, als wenn sie online oder in einem Department Store danach suchen. Demnach hat der Kaufkontext, also der Ort und Kanal, einen erheblichen Einfluss auf die Entscheidung für oder gegen den Kauf (Kim/Park 2017; Lo et al. 2021). Aus diesem Grund und weil der Kaufkanal im Zusammenhang mit dem aufstrebenden Geschäftsfeld des Secondhand-Luxushandels von wissenschaftlicher Seite aus bisher nur wenig Aufmerksamkeit erhielt und Luxusmarken bisher zögerlich in dieses Feld einsteigen, soll mit der angedachten Studie sowohl untersucht werden, ob Konsumenten eine markeneigene Secondhand-Plattform bevorzugen würden bzw. was sie bereit wären dafür zu bezahlen. Im Hinblick auf den Kontexteffekt wird angenommen, dass ein markengeführter Kanal (in Anlehnung an die Erkenntnisse zu neuen Luxusprodukten) bevorzugt wird und dass die Zahlungsbereitschaft für Secondhand-Luxusprodukte von einem markeneigenen Kanal höher ist, als es bei einem Drittanbieter der Fall ist. Daraus ergibt sich die folgende Forschungsfrage:

> Wie hoch ist die Zahlungsbereitschaft der Konsumentinnen und Konsumenten für Produkte eines Drittanbieters im Unterschied zu einem markeneigenen Angebot?

3 Methodik

3.1 Forschungsdesign

Das Choice-Experiment ist eine etablierte wissenschaftliche Methode zur Ermittlung von individuellen Präferenzen für einzelne Attribute von Produkten und Dienstleistungen und stammt aus dem Bereich der Conjoint-Analysen. Mit dieser Methode wird eine hypothetische Marktsituation erzeugt, wodurch Zahlungsbereitschaften für einzelne Attribute des zu betrachtenden Produktes oder der zu betrachtenden Dienstleistung geschätzt werden können. Die so aufgedeckten Zahlungsbereitschaften, die durch die Beobachtung von Konsumprozessen nicht ermittelt werden können, werden auch durch personenbezogene Merkmale bestimmt. Diese sozio-demografischen Determinanten können mit Strukturgleichungsmodellen bestimmt werden. Dadurch wird es möglich, die Zahlungsbereitschaft von Nutzergruppen für verschiedene Kombinationen von Produktmerkmalen zu berechnen.

Choice-Experimente bestehen aus mehreren Choice-Karten, die den Befragten im Rahmen der empirischen Untersuchung vorgelegt werden. Diese beschreiben das untersuchte Objekt (z. B. Luxusgüter) und umfassen mindestens zwei Wahloptionen, aus denen eine ausgewählt werden muss. Jede dieser Optionen beinhaltet die gleichen vorab definierten Attribute wie z. B. Betreiberstruktur, Anbieter, Marke oder Preis. Diese Attribute werden für jede Option durch mindestens zwei Ausprägungen (Level) konkretisiert. Das Design der Choice-Karten wird durch die Ausgestaltung der Attribute und Level definiert, die anhand von Vorstudien und Literaturanalysen bestimmt werden. Aus den alternativen Produktkonfigurationen wählen die Befragten in einem iterativen

Prozess die jeweils präferierte Alternative aus. Die ermittelten Parameter werden, ausgehend von nutzenmaximierendem Konsumverhalten, in eine vorab definierte Nutzenfunktion integriert (Audrin et al. 2018).

Derzeit gibt es nur wenige wissenschaftliche Studien zu den Angebotsformen von Secondhand-Gütern, wobei eine Untersuchung von Online-Secondhand-Plattformen für Luxusgüter, wie bereits erwähnt, fehlt. Daher mussten zuerst einmal alle relevanten Determinanten einer Plattform, die sich auf die Zahlungsbereitschaft der Kunden auswirken, herausgefiltert werden. Aus diesem Grund wurde in einem ersten Schritt eine qualitative Vorstudie durchgeführt, mittels derer relevante Attribute herausgefunden werden sollten. Hierfür wurden vier Experten befragt, die aufgrund ihrer beruflichen Laufbahn und Erfahrung über umfassende Einblicke in den Mode- und Luxusmarkt verfügen. Die Ergebnisse dieser Vorstudie wurden im Hinblick auf die Relevanz der verschiedenen Attribute analysiert. Dieser Schritt ist notwendig, um a priori Teilnutzenwerte zu ermitteln, die für ein d-effizientes Design benötigt werden. Obwohl d-effiziente Designs nicht unkritisch sind (Walker et al. 2018), wird davon ausgegangen, dass sie Effizienzverbesserungen durch geringere Standardfehler (Rose/Bliemer 2009) im Vergleich zu den häufig implementierten orthogonalen Designs bieten.

Darüber hinaus ist anzumerken, dass – basierend auf dem von Rambourg (2014) thematisierten „Tiering" von Luxusmarken – die Verwendung von lediglich einem einzelnen Luxusartikels einer einzelnen Marke die zu gewinnenden Erkenntnisse in diesem Experiment erheblich schmälern würden, weshalb zwei Luxusmarken unterschiedlicher Preisklassen beispielhaft für das Experiment angedacht sind. Da der Luxusbegriff in der Wahrnehmung der Konsumenten häufig mit bestimmten Marken und zugehörigen Produkten in Verbindung gebracht wird, sollen im Rahmen dieses Experiments reale Marken und Produkte als Beispiele angeführt werden. Zwar mag dies die Generalisierbarkeit der Studienergebnisse und damit auch den Aussagegehalt schmälern, doch führt dies für die Teilnehmer zu einer realistischeren Versuchssituation und erhöht damit die qualitative Aussagekraft der Studie. Daher ist für das Design dieser Studie eine Kombination aus zwei Choice-Experimenten geplant, die eine Luxusmarke der unteren Preisklasse (Louis Vuitton) und eine Luxusmarke der oberen Preisklasse (Hermès) beinhalten. Die Kombination dieser Marken und der beiden Experimente erhöht zwar den kognitiven Aufwand für die Teilnehmer, ermöglicht aber eine Unterscheidung zwischen den verschiedenen Leveln und damit eine Berücksichtigung dessen, ob die Zahlungsbereitschaft für Secondhand-Luxusartikel markenabhängig ist und von der Exklusivität einer Luxusmarke beeinflusst wird. Um eine Vergleichbarkeit der beiden Luxusmarken zu ermöglichen und um die Studie für die jeweiligen Teilnehmer praxisnäher zu gestalten, soll ein Produktbeispiel eingebaut werden. Hierfür eignen sich besonders

Handtaschen, da sie im Portfolio beider Luxusmarken zu finden, weniger von saisonalen oder kollektionsbedingten Design- und Stiländerungen abhängig und, nicht zuletzt, die weltweit begehrtesten Secondhand-Luxusartikel sind (BCG 2019). Um eine Vermischung der Kategorisierungen „Secondhand" und „Vintage" zu vermeiden, handelt es sich bei den ausgewählten Beispielhandtaschen um aktuelle Modelle, also weder um Vintage- noch um Sammlerstücke. Da die Zielgruppe sich primär aus Frauen rekrutiert oder aus Männern, die Handtaschen als Geschenke erwerben, sind Verzerrungen durch die Fokussierung auf Handtaschen nicht zu erwarten.

Da jeder Studienteilnehmer an zwei Choice-Experimenten hintereinander teilnehmen muss und somit einer hohen kognitiven Belastung ausgesetzt ist, sollte mittels der qualitativen Vorstudie und der Gestaltung der Choice-Karten die Anzahl der Attribute und Level auf ein Minimum beschränkt werden. Eben diese Belastungsvermeidung soll auch dadurch erreicht werden, dass jeder Teilnehmer in jedem Experiment nur acht Auswahlmöglichkeiten zwischen zwei Situationen treffen muss, kombiniert mit einer No-Choice-Option. Um sowohl zu vermeiden, dass Unterschiede zwischen den Experimenten aufgrund der wiederholten Durchführung auftreten als auch, dass sogenannte Halo-Effekte aufgrund der Marke des ersten Experiments entstehen, sollen die beiden Choice Experimente den Teilnehmern in unterschiedlicher Reihenfolge angezeigt werden. Abbildung 1 stellt eine grafische Zusammenfassung aller Schritte des Forschungsdesigns dar.

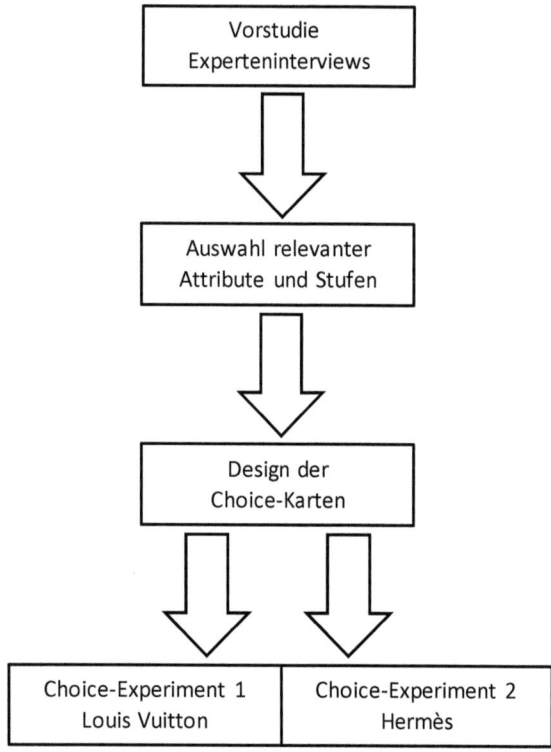

Abbildung 1:   Forschungsdesign
Quelle: Eigene Darstellung

Abschließend kann angemerkt werden, dass mit dem Aufkommen digitaler Plattformen für den Secondhand-Handel wie Vestiaire Collective der Einsatz von Choice-Experimenten in einer realistischen Umgebung deutlich einfacher wurde. Digitale Experimente werden nicht mehr durch eine vermeintliche Vernachlässigung von Offline-Kunden verzerrt, weil das experimentelle Design, wie das in dieser Studie vorgeschlagene, die digitale Umgebung einer Plattform für Luxusgüter aus zweiter Hand widerspiegelt.

3.2   Qualitative Vorstudie zu Einflussfaktoren

Die Experten, die für die Vorstudie ausgewählt wurden, decken sowohl die akademische als auch die praktische Perspektive ab. Tabelle 1 gibt einen kurzen Überblick über ihren jeweiligen Hintergrund und ihr Fachgebiet:

Tabelle 1:   Ausgewählte Experten

	Bereich	Berufsfeld	Schwerpunkt
Experte 1	Akademiker	Post-Doc (Universität)	Konsumentenverhalten, Secondhand-Luxus
Experte 2	Professional	Consulting	Verkauf & Luxus, Gastgewerbe, Bildung
Experte 3	Professional	Nachrichtenkorrespondent	Mode & Luxus
Experte 4	Professional	Consulting	Mode & Luxus

Quelle: Eigene Darstellung

Da sich sowohl wissenschaftliche Publikationen als auch Praktiker bisher nur bedingt mit dem Themenbereich Secondhand-Luxusmode auseinandergesetzt haben, gestaltete sich die Suche nach Experten, die beide Bereiche abdecken können, schwieriger als erwartet. Um auch die wissenschaftliche Perspektive zu berücksichtigen, wurde ein Autor einer für diesen Themenbereich relevanten Studie ausgewählt. Darüber hinaus wurden zwei Unternehmensberater akquiriert, die beide durch ihre langjährige Tätigkeit mit dem Luxus- und dem Modesegment vertraut sind. Einer der beiden beschäftigt sich in diesem Rahmen schwerpunkthaft mit dem Bereich Luxusretail und deckt somit den operativen Teil des Themas ab, wohingegen der andere eher auf das Modesegment spezialisiert ist und somit die sektorale Perspektive abdeckt. Um das Expertenkonsortium um eine kundenzentrierte Perspektive anzureichern, ohne dass in direkten Kontakt mit einem Kunden getreten wird, wurde zudem ein Nachrichtenkorrespondent eines bekannten deutschen Nachrichten-, Wirtschafts- und Modemagazins in die Studie mit einbezogen. Die nachfolgende Tabelle 2 fasst die Ergebnisse der qualitativen Vorstudie zusammen.

Die Frage nach dem Betreiber der Secondhand-Plattform (markeneigen oder Drittanbieter) wurde von Anfang an mit einbezogen, um herauszufinden, welche Vor- und Nachteile die Experten im Zusammenhang mit den beiden Möglichkeiten sehen. Aus ihren Aussagen lässt sich ableiten, dass markeneigene Plattformen in mehrfacher Hinsicht überlegen sind, wobei die Experten allerdings auch betonen, dass das Betreiben einer eigenen Secondhand-Plattform eine erhebliche Mehrbelastung für Luxusmarken darstellen würde. Zudem bewerten sie den finanziellen Vorteil dieser Option kritischer als andere Aspekte. Auf die Frage hin, welche Vorteile eine markeneigene Secondhand-Plattform ihren Kunden bieten könne, betonen die Experten den Aspekt der Qualitätssicherung. Obwohl alle vier Experten unterschiedliche Argumente anführten, stimmen sie darin überein, dass die Qualitätssicherung als Schlüsselelement innerhalb des Secondhand-Luxushandels anzusehen ist und demnach für jede Art von Kaufkanal relevant ist. Die quantitativen Ergebnisse einer weiteren Studie von Schuck et al. (2022) unterstützen die Einbeziehung des Attributs Qualitätssicherung zudem. Im Rahmen der Studie gaben 89,5% aller Befragten (der mit Abstand höchste Prozentsatz) an, eine sichere Produktauthentifizierung als besonders wichtigen Service in diesem Kontext zu empfinden.

Tabelle 2:   Erkenntnisse der Vorstudie

Attribut	Aussagen
Betreiberstruktur der Plattform	Wenn sie die Exklusivität bestimmter Artikel erhöhen wollen, können sie eine Art von Einfluss nehmen und die Lagerbestände bestimmter Produkte halten oder begrenzen (1)
	Garantien können nur von der Marke selbst kommen (1)
	Drittanbieter decken das internationale Angebot nicht vollständig ab, was eine Nische für die Marken ist (1)
	Eine markeneigene Plattform wird das Vertrauen erhöhen (3)
	Die Marke kann über die Präsentation entscheiden (3)
	Überwachen Sie, was auf dem Secondhand-Markt verfügbar ist (2)
	Es besteht die Gefahr, dass sie die anderen neuen Produkte kannibalisieren (2)
	Ich wäre bereit, 10 % mehr für Louis Vuitton zu bezahlen (2)
	Ich denke, dass es für Luxusmarken selbst sehr schwierig ist, so etwas aufzubauen (3)
Qualitätskontrolle	Die Echtheitsprüfung ist natürlich nicht für jede Marke ein Thema, [...] für andere ist es ein wichtiges Thema (1)
	Ich denke, dass die manuelle Kontrolle der Qualität oder des Zustands des Produkts wichtig ist (2)
	Wie könnten sie die gleichen Qualitätsanforderungen aufrechterhalten, die sie an Ihre eigenen Produkte stellen (2)
	Kontrolle der Produkte, Stichwort Fälschungen (3)
	Hohe Gefahr, selbst Marken können Herkunft nicht vollständig bestimmen (4)
Austausch: Plattform vs. Peer-to-Peer	Also stellen Sie sich selbst in den Mittelpunkt, dann sieht die ganze Sache meiner Meinung nach extrem kostspielig aus (3)
	Wenn Sie eine solche Plattform haben, [...] wer kümmert sich dann darum? Das wird ein riesiger finanzieller Aufwand sein. So etwas kann extrem schwierig sein (3)
	Der Secondhand-Handel ist hauptsächlich ein Peer-to-Peer-Geschäft, das von den Luxusmarken die Einführung neuer Prozesse erfordert (4)

Quelle: Eigene Darstellung

Schuck, Katharina A.; Perret, Jens K.; Mehn, Audrey; Rommel, Kai:
Konsumentenpräferenzen beim Kauf von Secondhand-Luxusgütern

Dennoch ist anzumerken, dass in der Umfrage von Schuck et al. (2022) das Interesse der Kunden an einem guten Schadenmanagement deutlich wurde. Es wurde als zweitwichtigste Dienstleistung eingestuft.

Die Mehrzahl der Experten bringt zudem den Unterschied zwischen plattformbasierten und Peer-to-Peer-basierten Angebotsformen ein. Um diese Unterscheidung zu untermauern verweisen Liu et al. (2013) und Fionda/Moore (2009) auf den Aspekt des Vertrauens und halten plattformbasierte Lösungen, bei denen über einen langen Zeitraum durch Konsistenz, Individualität und Markenkontakt Vertrauen aufgebaut wird, für den Handel mit gebrauchten Luxusgütern für angemessener als eine Peer-to-Peer-basierte Lösung, bei der Privatpersonen in Kontakt mit den Kunden treten. Es wurde daher das Attribut Angebot mit den beiden Stufen „plattformbasiert" und „peer to peer" als Teil des Choice Designs gewählt.

Zur Integration des benötigten monetären Aspekts wurde sich an den Informationen, die Drittanbieter-Plattformen wie Vestiaire Collective hinsichtlich ihrer Provision angeben, orientiert, was zur Annahme von drei Preisaufschlagsstufen auf einen fixen Verkaufspreis führte. Für die Choice-Experimente sollen demnach die Ausschläge 0%, 15% und 25% berücksichtig werden.

Um sogenannte Prior-Werte oder Prioritätenwerte, für die Konstruktion eines d-effizienten Designs für jedes der drei Attribute (Betreiberstruktur, Qualitätssicherung und Angebot) zu erhalten, wird die Anzahl der Experten, die sich auf ein bestimmtes Attribut beziehen, durch die Gesamtzahl der Experten geteilt, die sich direkt auf eines der drei Attribute beziehen. Die Ableitung von numerischen Prior-Werten für die verschiedenen Level ist zu diesem Zeitpunkt aufgrund der nicht statistisch aufbereitbaren Aussagen der Experten unmöglich. Aus diesem Grund erfolgt für die einzelnen Level der drei Attribute lediglich eine ordinale Bewertung. Als Basis wird jeweils bei der Betreiberstruktur und der Qualitätssicherung der aktuelle Status Quo betrachtet. Beim Angebot wird unterstellt, dass ein plattformzentriertes System den Kunden per se ein höheres Serviceniveau bieten kann und daher als nützlicher wahrgenommen wird.

Tabelle 3 fasst nachfolgend noch einmal das Choice Design inklusive aller Attribute, Stufen und Prior-Werte zusammen.

Tabelle 3: **Choice Design - Attribute, Stufen und Prior-Werte**

Attribut	Prior-Wert	Level 1	Level 2	Level 3
Betreiberstruktur	3/9	Drittanbieter	Marke	
Qualitätssicherung	4/9	Zertifizierung	Markenzertifizierung	
Angebot	2/9	peer to peer	Plattform	
Preisaufschlag	-0,03	0%	15%	25%
	-0,003			

Quelle: Eigene Darstellung

Das Attribut Qualitätssicherung wird aufgrund der ermittelten Prior-Werte mit vier Neuntel gewichtet, das Attribut Betreiberstruktur mit drei Neuntel und das Attribut Angebot mit zwei Neuntel. Für das Attribut Preis werden drei Level betrachtet, die sich aus Preisaufschlägen auf einen Basispreis ergeben und aus der Beobachtung realer Preisverteilungen für die ausgewählten zwei Handtaschen auf den Plattformen Vestiaire Collective und TheRealReal entstehen. Tabelle 3 gibt einen Einblick in die Choice-Karten, die in den tatsächlichen Experimenten zum Einsatz kommen sollen. Da keiner der Experten in irgendeiner Weise einen Unterschied zwischen Luxusmarken der unteren und der oberen Preisklasse erwähnte, wird davon ausgegangen, dass dieselbe Auswahlkarte für beide Experimente verwendet werden kann und dass es keine Attribute gibt, die nur für Luxusartikel der unteren oder der oberen Preisklasse relevant sind.

3.3 Entwicklung eines bayesianischen d-effizienten Designs

Der vorherige Abschnitt thematisierte das Choice Design, bestehend aus drei Attributen mit jeweils zwei Leveln und dem Preisattribut, das durch Preisaufschläge der jeweiligen Secondhand-Plattform ausgedrückt wird. Ein vollständiges faktorielles Design würde demnach aus allen Möglichkeiten bestehen, diese 24 Kombinationen miteinander zu vergleichen. Um die Komplexität dieses Designs zu reduzieren, wird zunächst jedoch ein orthogonales Design als Referenzfall betrachtet, das in Tabelle 4 abgebildet ist:

Tabelle 4: **Orthogonales Design**

ID	Betreiberstruktur	Qualitätssicherung	Austausch	Preisaufschlag
1	Drittanbieter	Markenzertifizierung	Peer to Peer	15%
2	Drittanbieter	Zertifizierung	Plattform	25%
3	Drittanbieter	Zertifizierung	Peer to Peer	0%
4	Marke	Zertifizierung	Plattform	15%
5	Marke	Markenzertifizierung	Plattform	0%
6	Marke	Markenzertifizierung	Peer to Peer	25%
7	Marke	Zertifizierung	Peer to Peer	0%
8	Drittanbieter	Markenzertifizierung	Plattform	0%

Quelle: Eigene Darstellung

Das orthogonale Design enthält nur acht der 24 Kombinationen. Betrachtet man das Choice-Experiment als solches, so reduziert sich die Anzahl der erforderlichen Vergleiche im Vergleich zu einem vollfaktoriellen Versuchsplan um den Faktor 9. Orthogonale Versuchspläne wie der obige sind optimal und ergeben nur im linearen Fall mit einem balancierten Versuchsplan die kleinsten Standardfehler (Kuhfeld et al. 1994).

In dieser Studie soll ein nicht balancierter $2^3 3^1$-Versuchsplan realisiert werden. Außerdem soll darauf verzichtet werden, die Teilnehmer einzelne Kombinationen auf einer vorgegebenen Likert-Skala bewerten zu lassen. Stattdessen soll ihnen ein klassisches Choice-Layout vorgelegt werden. Da das klassische Choice-Layout mit zwei oder mehr Wahlmöglichkeiten mit einem multinomialen Logit ausgewertet wird, handelt es sich nicht mehr um ein lineares Design (Kuhfeld et al. 1994). Beide Aspekte zusammengenommen führen zur Realisierung eines bayesianischen d-effizienten Designs. Bayesianische d-effiziente Designs sind im Vergleich zu klassischen Designs überlegen (DuMouchell/Jones 1994). Es wurde beschlossen, eine Designstruktur mit insgesamt 72 Choice-Karten zu verwenden. Im Vergleich zu einem Design mit nur 48 Choice-Karten liegt der mittlere d-Fehler bei 0,0192 gegenüber einem d-Fehler von 0,0279 im Falle von 48 Choice-Karten. Aus pragmatischer Sicht liegen 72 Choice-Karten nahe an den 64 Karten des obigen linearen orthogonalen Designs. Anhang 1 gibt einen umfassenden Überblick über die einzusetzenden Choice-Karten. Innerhalb dieses Experiments ist es aufgrund der bereits thematisierten kognitiven Belastung der Teilnehmer sowie der Tatsache, dass jeder Teilnehmer an zwei aufeinanderfolgenden Experimenten teilnehmen muss, geplant, dass acht zufällig ausgewählte Choice-Karten pro Experiment bearbeitet werden müssen.

4 Implikationen und Relevanz der Studie

Bisherige Beiträge zum Thema Secondhand-Luxus liefern interessante Einblicke in die Konsummotive und deren Hintergründe, fokussieren aber weniger den Kaufprozess und die Zahlungsbereitschaft im Zusammenhang mit dem Erwerb dieser Produkte. Kapitel 2 hat verdeutlicht, dass Luxusmarken sich inzwischen vereinzelt im Secondhand-Handel aktiv zeigen, wobei von einigen Seiten weiteres Interesse bekundet wurde. Studien zeigen, dass der Secondhand-Luxusmarkt viermal schneller wächst als der für neue Luxusgüter (Bain & Company 2022). All dies lässt den Schluss zu, dass die Untersuchung der Kanalpräferenz und der damit einhergehenden Zahlungsbereitschaft für verschiedene Kanäle und unterschiedliche Leistungskomponenten im Rahmen von Konsumentenstudien relevanter denn je ist. Zusammenfassend soll die geplante Studie durch die Anwendung eines Choice-Experiments dazu beitragen, dass für die Praxis ein besseres Verständnis der Konsumentenperspektive in diesem relevanten Geschäftsfeld entwickelt wird, Implikationen für Marketer daraus abgeleitet werden und die bislang limitierte Literatur angereichert wird.

Die Experteninterviews und Prognosen ergaben, dass für Luxusmarken verschiedener Kategorien unterschiedliche Umgangsweisen mit dem Secondhand-Markt sinnvoll sind. Auch wenn nur zwei exemplarische Marken (verkörpert durch zwei verschiedene Produkte) für die Studie herangezogen werden sollen, wären die Gesamtergebnisse aufgrund der Markenauswahl (eine Luxusmarke aus dem unteren und eine aus dem oberen Preissegment) auch auf andere Luxusmarken anwendbar, die in diese beiden

Kategorien fallen. Bei der Entscheidung, ob eine Luxusmarke im Secondhand-Markt aktiv werden soll, sind verschiedene Aspekte zu berücksichtigen. Hierzu zählen beispielsweise die Bereiche Logistik, Beschaffung, Marketing, Kollektionszusammenhang sowie der zu erwartende finanzielle Vorteil. Ein genaueres Verständnis der Zahlungsbereitschaft der Konsumenten würde Luxusmarken dringend benötigte Hinweise für die Preisgestaltung von Secondhand-Produkten geben, denn die Preise auf den Drittanbieter-Plattformen werden bislang von privaten Verkäufern festgelegt, wobei zum Beispiel auch emotionale Verbundenheit mit einem Produkt zu einer verfälschten Preisgestaltung und damit auch zu geringeren Absatzmengen führen kann. Gerade dieser monetäre Aspekt soll mittels der Bestimmung der Zahlungsbereitschaft der Konsumenten in der Studie evaluiert werden, was den konzipierten Versuchsplan zu einem relevanten Beitrag innerhalb der Entscheidungsfindung für oder gegen ein Engagement im Secondhand-Luxushandel machen würde. Mittels der angedachten Aufschlüsselung in einzelne Attribute und deren jeweilig zugehörige Zahlungsbereitschaft würde neben der generellen Zahlungsbereitschaft für ein Produkt zudem offengelegt werden, welches Attribut mit dem höchsten monetären Wert bewertet wird und daher für die Konsumenten mit der höchsten Bedeutung innerhalb des Angebots einhergeht. Besonders dies würde Luxusmarken die Möglichkeiten geben, das Konsumentenverhalten besser einzuschätzen und darauf aufbauend auch ihr Angebot für das Secondhand-Segment anzupassen. Die dabei gewonnenen Erkenntnisse würden allerdings ebenso wertvolle Inputs für den Verkauf von Neuware im Luxussegment liefern. Die Nachfrage nach Secondhand-Luxusgütern folgt ähnlichen Grundmustern wie die nach neuen Luxusgütern. Wird entsprechend herausgearbeitet, welche Eigenschaften für eine digitale Plattform relevant sind und welche Secondhand-Güter gehandelt werden, so lassen sich diese Erkenntnisse eingeschränkt auch auf digitale Plattformen zum Verkauf von neuen Luxusgütern verallgemeinern und liefern somit in diesem Zusammenhang erste Forschungsinputs.

Literaturverzeichnis

Abtan, O.; Ducasse, P.; Finet, L.; Gardet, C.; Gasc, M.; Salaire, S. (2019): Why Luxury Brands Should Celebrate the Pre-owned Boom (https://image-src.bcg.com/Images/BCG-Why-Luxury-Brands-Should-Celebrate-the-Pre-owned-Boom-Oct-2019_tcm21-232622.pdf). Abgerufen am 12.12.2020.

Amatulli, C.; Pino, G.; Angelis, M. de; Cascino, R. (2018): Understanding Purchase Determinants of Luxury Products. In: Journal of Psychology & Marketing, 35. (2018), Nr. 6, S. 383–487.

Audrin, C.; Brosch, T.; Sander, D.; Chanal, J. (2018): More than Meets the Eye: The Impact of Materialism on Information Selection During Luxury Choices. In: Frontiers in Behavioral Neuroscience, 172. (2018).

Bain & Company (Hrsg.) (2021): Bain & Company Luxury Study (https://www.bain.com/about/media-center/press-releases/2021/luxury-report-2021/).

Bain & Company (Hrsg.) (2022): Secondhand Luxury Goods: A First-Rate Stategic Opportunity (https://www.bain.com/insights/Secondhand-luxury-goods-a-first-rate-strategic-opportunity-snap-chart/). Abgerufen am 17.03.2022.

Battle, A.; Ryding, D.; Henninger, C. E. (2018): Access-based Consumption: A new Business Model for Luxury and Secondhand Fashion Business? In: Ryding, D.; Henninger, C. E.; Blazquez Cano, M. (Hg.): Vintage Luxury Fashion: Exploring the Rise of the Secondhand Clothing Trade. Palgrave, S. 29–44.

BCG (Hrsg.) (2019): 2019 True-Luxury Global Consumer Insight (http://media-publications.bcg.com/france/True-Luxury%20Global%20Consumer%20Insight%202019%20-%20Plenary%20-%20vMedia.pdf). Abgerufen am 19.03.2022.

Bianchi, F.; Flicker, I.; Krueger, F.; Ricci, G.; Schuler, M.; Seara, J. et al. (2020): The Secondhand Opportunity in Hard Luxury (https://www.bcg.com/publications/2020/Secondhand-opportunity-hard-luxury). Abgerufen am 10.12.2020.

Boto-García, D.; Mariel, P.; Pino, J. B.; Alvarez, A. (2020): Tourists' Willingness to Pay for Holiday Trip Characteristics: A Discrete Choice Experiment. In: Tourism Economics (2020), 1354816620959901.

Cervellon, M.-C.; Vigreux, E. (2018): Narrative and Emotional Accounts of Secondhand Luxury Purchases Along the Customer Journey. In: Ryding, D.; Henninger, C. E.; Blazquez Cano, M. (Hg.): Vintage Luxury Fashion: Exploring the Rise of the Secondhand Clothing Trade. Palgrave, S. 79–96.

Cheng, A. (2022): Luxury Brands are (Finally) Tapping into Resale - What does that mean for the Secondhand Market? (https://fashionista.com/2022/02/luxury-brands-clothes-resale-Secondhand-market). Abgerufen am 17.03.2022.

D'Arpizio, C.; Levato, F.; Prete, F.; Gault, C.; Montgolfier, J. de (2019): Eight Themes that are Rewriting the Future of Luxury Goods (https://www.bain.com/insights/eight-themes-that-are-rewriting-the-future-of-luxury-goods/). Abgerufen am 08.02.2021.

DuMouchell, W.; Jones, B. (1994): A Simple Baysian Modification of D-Optimal Designs to Reduce Dependence on an Assumed Model. In: Technometrics, 36. (1994), February, S. 37–47.

Ferraro, C.; Sands, S.; Brace-Govan, J. (2016): The Role of Fashionability in Secondhand Shopping Motivations. In: Journal of Retailling and Consumer Services, 36. (2016), S. 262–268.

Fionda, A. M.; Moore, C. M. (2009): The Anatomy of the Luxury Fashion Brand. In: Journal of Brand Management, 16. (2009), 5/6, S. 347–363.

Fox, C. (2018): Understanding the Culture of Consuming Pre-owned Luxury. In: Ryding, D.; Henninger, C. E.; Blazquez Cano, M. (Hg.): Vintage Luxury Fashion: Exploring the Rise of the Secondhand Clothing Trade. Palgrave, S. 45–63.

Gorra, C. (2017): The New Normal: Luxury in the Secondary Market (https://digital.hbs.edu/innovation-disruption/new-normal-luxury-secondary-market). Abgerufen am 10.12.2020.

Guzzetti, A.; Crespi, R.; Belvedere, V. (2021): "Please don't buy!": Consumers Attitude to Alternative Luxury Consumption. In: Strategic Change, 30. (2021), Nr. 1, S. 67–78.

Hess, S.; Daly, A. (2014): Handbook of Choice Modelling. Cheltenham : Edward Elgar.

Hu, S.; Henninger, C. E.; Boardman, R.; Ryding, D. (2019): Challenging Current Fashion Business Models: Entrepreneurship Through Access-Based Consumption in the Second-Hand Luxury Garment Sector Within a Circular Economy. In:

Gardetti, M. A.; Muthu, S. S. (Hg.): Sustainable Luxury. Singapore : Springer, S. 39–54.

Husic, M.; Cicic, M. (2009): Luxury Consumption Factors. In: Journal of Fashion Marketing and Management, 13. (2009), Nr. 2, S. 231–245.

Kapferer, J.-N. (2001): Luxusmarken. In: Esch, R. (Hrsg.): Moderne Markenführung. 3. Aufl. Wiesbaden : Springer, S. 345–364.

Kapferer, J.-N. (2018): Second-hand Luxury - Should Luxury Brands Sell Preowned Products? In: The European Business Review, 11-12. (2018), S. 59–65.

Kessous, A.; Valette-Florence, P. (2019): "From Prada to Nada": Consumers and their Luxury Products. A Contrast Between Second-hand and First-hand Luxury Products. In: Journal of Business Research, 102. (2019), S. 313–327.

Khan, S.; Fazili, A. I.; Bashir, I. (2021): Counterfeit Luxury Consumption: A Review and Research Agenda. In: Journal of Consumer Behaviour, 20. (2021), Nr. 2, S. 337–367.

Kim, D.; Park, B.-J. (2017): The Moderating Role of Context in the Effects of Choice Attributes on Hotel Choice: A Discrete Choice Experiment. In: Tourism Management, 63. (2017), S. 439–451.

Kuhfeld, W. F.; Tobias, R. D.; Garratt, M. (1994): Efficient Experimental Design with Marketing Research Applications. In: Journal of Marketing Research, 31. (1994), Nr. 4, S. 545–557.

Larceneux, F.; Rieunier, S.; Fady, A. (2007): The Effect of Hyperchoice on the Consumer and the Moderating Effect of the Brand: An Application in the Jewelry Market. In: Recherche et Applications en Marketing, 22. (2007), Nr. 4, S. 43–56.

Lihra, T.; Buehlmann, U.; Graf, R. (2012): Customer Preferences for Customized Household Furniture. In: Journal of Forest Economics, 18. (2012), Nr. 2, S. 94–112.

Liu, X.; Burns, A. C.; Hou, Y. (2013): Comparing online and in-store shopping behavior towards luxury goods. In: International Journal of Retail & Distribution Management, 41. (2013), 11/12, S. 885–900.

Lo, C.; Burton, S.; Lam, R.; Nesbit, P. (2021): Which Bag? Predicting Consumer Preferences for a Luxury Product with a Discrete Choice Experiment. In: Australasian Marketing Journal, 29. (2021), Nr. 4, S. 329–340.

Muret, D. (2021): Isabel Marant launches online store dedicated to second-hand fashion (https://ww.fashionnetwork.com/news/Isabel-marant-launches-online-store-dedicated-to-second-hand-fashion,1313029.html). Abgerufen am 17.03.2022.

Quan, V.; Shen, B. (2017): Evolution of Luxury Brands. In: Choi, T.-M.; Shen, B. (Hg.): Luxury Fashion Retail Management. Singapore : Springer, S. 11–18.

Rambourg, E. (2014): The Bling Dynasty: Why the Reign of Chinese Luxury Shoppers has only just Begun. Wiley.

Rose, J. M.; Bliemer, M. (2009): Constructing Efficient Stated Choice Experimental Designs. In: Transport Reviews, 29. (2009), Nr. 5, S. 587–617.

Rudawska, E.; Grebosz-Krawczyk, M.; Ryding, D. (2018): Sources of Value for Luxury Secondhand and Vintage Fashion Customers in Poland - From the Perspective of Its Demigraphic Characteristics. In: Ryding, D.; Henninger, C. E.; Blazquez Cano, M. (Hg.): Vintage Luxury Fashion: Exploring the Rise of the Secondhand Clothing Trade. Palgrave, S. 111–132.

Ryding, D.; Henninger, C. E.; Blazquez Cano, M. (2018): Introduction to Vintage Luxury Fashion - Exploring the Rise of the Secondhand Clothing Trade. In: Ryding, D.; Henninger, C. E.; Blazquez Cano, M. (Hg.): Vintage Luxury Fashion: Exploring the Rise of the Secondhand Clothing Trade. Palgrave, S. 1–10.

Schuck, K. A.; Mehn, A.; Lehmann, K.; Perret, J. K. (2022): Second-hand Luxury Platforms – A Comparison of the Brand and the Consumer Perspective. In: Preprint (2022).

The Fashion Law (Hrsg.) (2021): Chanel, The RealReal at Odds Over Discovery in Trademark, Antitrust Lawsuit (https://www.thefashionlaw.com/chanel-the-realreal-at-odds-over-discovery-in-trademark-antitrust-lawsuit/). Abgerufen am 16.03.2022.

Turunen, L.; Laaksonen, P. (2011): Diffusing the Boundaries between Luxury and Counterfeits. In: Journal of Product & Brand Management, 20. (2011), Nr. 6, S. 468–474.

Turunen, L.; Leipämaa-Lesiken, H. (2015): Pre-loved Luxury: Identifying the Meanings of Second-hand Luxury Possessions. In: Journal of Product & Brand Management, 24. (2015), Nr. 1, S. 57–65.

Turunen, L.; Leipämaa-Lesiken, H.; Sihoven, J. (2018): Restructuring Secondhand Fashion from the Consumption Perspective. In: Ryding, D.; Henninger, C. E.; Blazquez Cano, M. (Hg.): Vintage Luxury Fashion: Exploring the Rise of the Secondhand Clothing Trade. Palgrave, S. 11–28.

Turunen, L.; Pöyry, E. (2019): Shopping with the Resale Value in Mind: A Study on Secondhand Luxury Consumers. In: International Journal of Consumer Studies, 43. (2019), Nr. 6, S. 549–556.

van Elven, M. (2018): Stella McCartney's partnership with The RealReal continues into 2019 (https://fashionunited.uk/news/retail/stella-mccartney-s-partnership-with-the-realreal- continues-into-2019/2018121340539). Abgerufen am 17.03.2018.

Walker, J. L.; Wang, Y.; Thorhauge, M.; Akiva, M.-B. (2018): D-efficient or deficient? A robustness analysis of stated choice experimental designs. In: Theory and Decision, 84. (2018), Nr. 2, S. 215–238.

Anhang

Anhang 1:   Baysianisch d-effizientes Design

Alternative 1				Alternative 2			
Betreiber-struktur	Qualitäts-sicherung	Austausch	Preisaufschlag	Betreiber-struktur	Qualitäts-sicherung	Austausch	Preisaufschlag
Drittanbieter	Zertifizierung	Plattform	25%	Marke	Zertifizierung	Peer-to-Peer	0%
Drittanbieter	Markenzertifizierung	Plattform	25%	Marke	Markenzertifizierung	Peer-to-Peer	0%
Marke	Markenzertifizierung	Plattform	15%	Drittanbieter	Zertifizierung	Peer-to-Peer	15%
Drittanbieter	Zertifizierung	Peer-to-Peer	15%	Marke	Zertifizierung	Plattform	25%
Marke	Markenzertifizierung	Plattform	25%	Drittanbieter	Zertifizierung	Peer-to-Peer	0%
Drittanbieter	Zertifizierung	Plattform	0%	Marke	Markenzertifizierung	Peer-to-Peer	15%
Marke	Markenzertifizierung	Peer-to-Peer	15%	Drittanbieter	Zertifizierung	Plattform	15%
Marke	Markenzertifizierung	Plattform	0%	Drittanbieter	Zertifizierung	Peer-to-Peer	25%
Marke	Markenzertifizierung	Plattform	25%	Drittanbieter	Markenzertifizierung	Peer-to-Peer	0%
Drittanbieter	Markenzertifizierung	Peer-to-Peer	25%	Marke	Markenzertifizierung	Plattform	0%
Drittanbieter	Markenzertifizierung	Plattform	15%	Marke	Zertifizierung	Peer-to-Peer	0%
Drittanbieter	Zertifizierung	Peer-to-Peer	15%	Marke	Markenzertifizierung	Plattform	0%
Drittanbieter	Markenzertifizierung	Peer-to-Peer	0%	Drittanbieter	Zertifizierung	Plattform	25%
Marke	Markenzertifizierung	Plattform	25%	Drittanbieter	Zertifizierung	Plattform	0%
Drittanbieter	Zertifizierung	Plattform	15%	Marke	Markenzertifizierung	Peer-to-Peer	15%
Drittanbieter	Zertifizierung	Plattform	25%	Drittanbieter	Markenzertifizierung	Peer-to-Peer	0%
Drittanbieter	Markenzertifizierung	Peer-to-Peer	25%	Marke	Zertifizierung	Plattform	0%
Drittanbieter	Zertifizierung	Peer-to-Peer	15%	Drittanbieter	Zertifizierung	Peer-to-Peer	15%
Marke	Zertifizierung	Plattform	15%	Drittanbieter	Markenzertifizierung	Peer-to-Peer	15%
Drittanbieter	Markenzertifizierung	Plattform	0%	Marke	Zertifizierung	Peer-to-Peer	25%
Marke	Markenzertifizierung	Peer-to-Peer	15%	Drittanbieter	Zertifizierung	Peer-to-Peer	15%
Drittanbieter	Markenzertifizierung	Peer-to-Peer	15%	Marke	Zertifizierung	Plattform	15%
Marke	Zertifizierung	Peer-to-Peer	25%	Drittanbieter	Markenzertifizierung	Plattform	0%
Drittanbieter	Zertifizierung	Peer-to-Peer	15%	Drittanbieter	Markenzertifizierung	Peer-to-Peer	15%
Drittanbieter	Zertifizierung	Plattform	25%	Marke	Markenzertifizierung	Peer-to-Peer	0%
Marke	Zertifizierung	Peer-to-Peer	25%	Marke	Markenzertifizierung	Plattform	0%
Drittanbieter	Markenzertifizierung	Peer-to-Peer	0%	Marke	Markenzertifizierung	Plattform	25%
Marke	Zertifizierung	Peer-to-Peer	0%	Drittanbieter	Markenzertifizierung	Plattform	15%
Marke	Markenzertifizierung	Peer-to-Peer	0%	Drittanbieter	Zertifizierung	Plattform	15%
Marke	Zertifizierung	Plattform	25%	Drittanbieter	Markenzertifizierung	Peer-to-Peer	0%
Drittanbieter	Zertifizierung	Plattform	0%	Marke	Markenzertifizierung	Peer-to-Peer	25%
Marke	Markenzertifizierung	Peer-to-Peer	25%	Marke	Zertifizierung	Plattform	0%
Drittanbieter	Markenzertifizierung	Plattform	0%	Marke	Zertifizierung	Plattform	25%
Drittanbieter	Zertifizierung	Peer-to-Peer	0%	Marke	Markenzertifizierung	Plattform	25%
Marke	Markenzertifizierung	Plattform	25%	Drittanbieter	Zertifizierung	Peer-to-Peer	15%
Drittanbieter	Zertifizierung	Peer-to-Peer	25%	Drittanbieter	Zertifizierung	Peer-to-Peer	0%
Marke	Zertifizierung	Peer-to-Peer	0%	Drittanbieter	Markenzertifizierung	Plattform	25%
Marke	Markenzertifizierung	Peer-to-Peer	0%	Drittanbieter	Zertifizierung	Plattform	25%
Marke	Markenzertifizierung	Peer-to-Peer	25%	Drittanbieter	Zertifizierung	Plattform	0%
Marke	Markenzertifizierung	Plattform	15%	Drittanbieter	Zertifizierung	Peer-to-Peer	25%
Drittanbieter	Zertifizierung	Plattform	15%	Marke	Markenzertifizierung	Plattform	15%
Marke	Zertifizierung	Plattform	25%	Marke	Markenzertifizierung	Peer-to-Peer	0%
Marke	Markenzertifizierung	Peer-to-Peer	15%	Drittanbieter	Zertifizierung	Plattform	25%
Drittanbieter	Zertifizierung	Peer-to-Peer	0%	Marke	Markenzertifizierung	Plattform	15%
Marke	Zertifizierung	Peer-to-Peer	15%	Drittanbieter	Markenzertifizierung	Plattform	25%
Drittanbieter	Markenzertifizierung	Plattform	25%	Marke	Zertifizierung	Peer-to-Peer	0%
Drittanbieter	Markenzertifizierung	Peer-to-Peer	15%	Marke	Zertifizierung	Plattform	0%
Marke	Zertifizierung	Plattform	0%	Marke	Markenzertifizierung	Peer-to-Peer	25%
Drittanbieter	Markenzertifizierung	Peer-to-Peer	0%	Marke	Zertifizierung	Peer-to-Peer	25%
Drittanbieter	Markenzertifizierung	Peer-to-Peer	0%	Marke	Zertifizierung	Plattform	25%
Drittanbieter	Zertifizierung	Peer-to-Peer	15%	Marke	Markenzertifizierung	Plattform	15%
Marke	Zertifizierung	Peer-to-Peer	15%	Drittanbieter	Markenzertifizierung	Plattform	15%
Marke	Zertifizierung	Plattform	0%	Drittanbieter	Markenzertifizierung	Peer-to-Peer	25%
Marke	Zertifizierung	Peer-to-Peer	15%	Drittanbieter	Zertifizierung	Plattform	15%
Marke	Zertifizierung	Plattform	25%	Drittanbieter	Markenzertifizierung	Plattform	0%
Drittanbieter	Markenzertifizierung	Plattform	15%	Drittanbieter	Zertifizierung	Peer-to-Peer	15%
Marke	Zertifizierung	Peer-to-Peer	15%	Drittanbieter	Markenzertifizierung	Plattform	0%
Marke	Zertifizierung	Plattform	25%	Drittanbieter	Markenzertifizierung	Peer-to-Peer	15%
Drittanbieter	Markenzertifizierung	Peer-to-Peer	25%	Marke	Zertifizierung	Plattform	15%
Drittanbieter	Zertifizierung	Plattform	0%	Drittanbieter	Markenzertifizierung	Peer-to-Peer	25%
Drittanbieter	Markenzertifizierung	Plattform	15%	Marke	Zertifizierung	Peer-to-Peer	25%
Marke	Zertifizierung	Plattform	0%	Drittanbieter	Markenzertifizierung	Plattform	25%
Drittanbieter	Markenzertifizierung	Plattform	25%	Marke	Zertifizierung	Plattform	0%
Drittanbieter	Zertifizierung	Peer-to-Peer	25%	Marke	Markenzertifizierung	Plattform	0%
Marke	Zertifizierung	Plattform	15%	Marke	Markenzertifizierung	Peer-to-Peer	15%
Marke	Zertifizierung	Plattform	0%	Drittanbieter	Markenzertifizierung	Peer-to-Peer	15%
Marke	Markenzertifizierung	Peer-to-Peer	25%	Drittanbieter	Zertifizierung	Plattform	15%
Drittanbieter	Markenzertifizierung	Plattform	0%	Marke	Markenzertifizierung	Peer-to-Peer	25%
Drittanbieter	Markenzertifizierung	Plattform	15%	Marke	Zertifizierung	Peer-to-Peer	15%
Marke	Markenzertifizierung	Plattform	0%	Marke	Zertifizierung	Peer-to-Peer	25%
Marke	Zertifizierung	Peer-to-Peer	0%	Marke	Markenzertifizierung	Plattform	25%
Marke	Markenzertifizierung	Peer-to-Peer	0%	Drittanbieter	Zertifizierung	Peer-to-Peer	25%

Quelle: Eigene Darstellung

Schuck, Katharina A.; Perret, Jens K.; Mehn, Audrey; Rommel, Kai:
Konsumentenpräferenzen beim Kauf von Secondhand Luxusgütern

Die Autoren

Katharina A. Schuck ist Doktorandin an der IQS School of Management, Ramon Llull Universität. Sie absolvierte ihr Masterstudium in Luxury, Fashion and Sales Management an der ISM Köln und hat einen Bachelorabschluss in Betriebswirtschaftslehre von der Hochschule Fresenius. Ihre Forschung konzentriert sich auf  die Luxusindustrie, wobei sie im Besonderen Interesse an Brand Management und Marketing sowie Sustainable Business Practice hat. Ihre Arbeit wurde auf Konferenzen wie der ACEDE vorgestellt und in Sustainability veröffentlicht.

Prof. Dr. Jens K. **Perret** studierte Wirtschaftsmathematik und Wirtschaftswissenschaft und promovierte in Volkswirtschafts- lehre an der Bergischen Universität Wuppertal. Zwischen 2009 und 2016 arbeitete er am Europäischen Institut für Internationale Wirtschaftsbeziehungen in Wuppertal. Seit 2016 hat er die Pro-  fessur für Volkswirtschaftslehre und Statistik an der ISM in Köln inne. Seine Forschungsinteressen umfassen quantitative Datenanalyse im Marketing und Entwicklungen der Wissensgesellschaft.

Prof. Dr. Audrey **Mehn** ist Professorin für Marketing & Retail und Vizepräsidentin für Lehre an der ISM (University of Applied Sci- ences). Französischstämmig, studierte und erlangte Audrey Mehn ihren Doktorgrad an der Universität Siegen (Deutschland). Ihre  Forschungsschwerpunkte umfassen den Wandel im Konsumen- tenverhalten, insbesondere in den Bereichen Mode, Kosmetik und Luxus.

Prof. Dr. Kai **Rommel** studierte Volkswirtschaftslehre und erlangte seinen Doktorgrad in Agrarökonomik 1998 an der Humboldt-Uni- versität zu Berlin. Seine Forschungstätigkeiten liegen schwer- punkthaft in den Bereichen Konsumentenverhalten und der Re-  gulierung von Energiemärkten. Zwischen 2007 und 2008 hatte er die Position des Chefökonoms bei der EnBW AG inne, einem Ener- gieversorger in Deutschland. Seit 2010 ist er Professor für Volks- wirtschaftslehre und Vizepräsident für Forschung an der ISM in Dortmund.

Schuck, Katharina A.; Perret, Jens K.; Mehn, Audrey; Rommel, Kai:
Konsumentenpräferenzen beim Kauf von Secondhand-Luxusgütern

International School of Management

Die International School of Management (ISM) – eine staatlich anerkannte, private Hochschule – bildet seit 1990 in Dortmund, Frankfurt/Main, München, Hamburg, Köln, Stuttgart und Berlin Nachwuchsführungskräfte für die internationale Wirtschaft aus. Das Studienprogramm umfasst Vollzeit-Bachelor- und -Master-Studiengänge, duale, berufsbegleitende, MBA- und Fernstudiengänge. Alle Studiengänge der ISM zeichnen sich durch ihre Internationalität und Praxisorientierung aus. Diese Erfolgsfaktoren garantiert die ISM durch enge Kooperationen mit Unternehmen, Projekte in Kleingruppen sowie integrierte Auslandssemester und -module an weltweit ca. 190 Partnerhochschulen. Die Qualität der Ausbildung bestätigen Studierende und Ehemalige ebenso wie Personaler in zahlreichen Hochschulrankings. Die ISM belegt dort seit Jahren konstant vorderste Plätze.

Mit dem ISM Working Paper werden Ergebnisse von Arbeiten präsentiert, wie z. B. Thesen, Ergebnisse aus Workshops oder aus eigenen Forschungsarbeiten. Ähnlich wie beim ISM Research Journal, das ebenfalls zu den neuen ISM Publikationsreihen gehört, werden die Beiträge im ISM Working Paper einem fachlichen Bewertungsverfahren (Peer Review) unterzogen.

In der Reihe „Working Paper" bisher erschienen:

No. 1   Brock, S.; Antretter, T.: Kapitalkostenermittlung als Grauzone wertorientierter Unternehmensführung, 2014

No. 2   Ohlwein, M.: Die Prüfung der globalen Güte eines Kausalmodells auf Stabilität mit Hilfe eines nichtparametrischen Bootstrap-Algorithmus, 2015

No. 3   Lütke Entrup, M.; Simmert, D. B.; Tegethoff, C.: Die Entwicklung des Working Capital in Private Equity Portfoliounternehmen, 2017

No. 4   Ohlwein, M.: Kultur- vs. regionenbezogene Abgrenzung von Ländergruppen. Eine clusteranalytische Untersuchung auf Basis der Kulturdimensionen nach Hofstede, 2017

No. 5   Lütke Entrup, M.; Simmert, D. B.; Caspari, L.: Die Performance von deutschen Portfoliounternehmen nach Private Equity Buy-outs, 2017

No. 6   Brickau, R. A.; Cornelsen, J.: The impact of visual subliminal triggers at the point of sale on the consumers' willingness to purchase – A critical investigation into gender differences, 2017

No. 7   Hampe, L.; Rommel, K.: Einflüsse von kognitiven Verzerrungen auf das Anlageverhalten deutscher Privataktionäre, 2017

No. 8   Brickau, R. A.; Röhricht, J.: Archaische Gesten im POS-Marketing – Die Nutzung archaischer Gesten in der Display- und Plakatwerbung, 2017

No. 9   Fontanari, M.; Kredinger, D.: Risiko- und Resilienzbewusstsein. Empirische Analysen und erste konzeptionelle Ansätze zur Steigerung der Resilienzfähigkeit von Regionen, 2017

No. 10 Schröder, C.; Weber, U.: Integration von Flüchtlingen in den Arbeitsmarkt als Chance für Diversity Management: Einführung und ausgewählte Beispiele im Kreis Steinfurt, 2017

No. 11 Zimmermann, N. A.; Gericke, J.: Supply Chain Risiko-management – Analyse des Status Quo und neuer Entwicklungstendenzen, 2018

Schuck, Katharina A.; Perret, Jens K.; Mehn, Audrey; Rommel, Kai:
Konsumentenpräferenzen beim Kauf von Secondhand-Luxusgütern

No. 12   Haberstock, P.; Weber, G.; Jägering, C.: Process of Digital Trans-
                     formation in Medium-Sized Enterprises - an Applied Re-search
                     Study, 2018

No. 13   Potaszkin, I.; Weber, U.; Groffmann, N.: „Die süße Alternative"
                     Smart Health: Akzeptanz der Telemedizin bei Diabetikern, 2018

No. 14   Holthaus, L.; Horn, C.; Perret, J. K.: E-Commerce im Luxus-
                     markensegment – Die Sicht deutscher Kundinnen am Beispiel
                     Chanel, 2020

No. 15   Bingemer, S.; Ohlwein, M.: Mit Customer Experience Manage-
                     ment die Digitalisierung meistern – Die Rolle von Unterneh-
                     menskultur und -organisation, 2020

No. 16   Gildemeister, C. C.; Mehn, A.; Perret, J. K.: Factory-Outlet-Cen-
                     ter: Discount oder Disney?, 2021

No. 17   Böge, C.; Perret, J. K.; Netzel, J.: Die Effekte der Zielorientierung
                     auf den Berufserfolg – Erste empirische Befunde, 2021

No. 18   Stotz, S.; Brickau, R. A.; Moss, C., Meierhof, D.: Measuring and
                     Restoring customer trust - an explorative research based on the
                     VW Diesel gate scandal, 2021

No. 19   Perret, J. K.: On the Gender Performance Gap in Economics Ed-
                     ucation - A Comparison of German Public and Private Universi-
                     ties, 2022

No. 20   Schuck, K. A.; Perret, J. K.; Mehn, A.; Rommel, K.: Konsumenten-
                     präferenzen beim Kauf von Secondhand-Luxusgütern, 2022

Schuck, Katharina A.; Perret, Jens K.; Mehn, Audrey; Rommel, Kai:
Konsumentenpräferenzen beim Kauf von Secondhand-Luxusgütern